HAPPY BIRTHDAY
GEBURTSTAGSPARTY-LOGBUCH

ÜBER GÄSTE, GLÜCKWÜNSCHE, GESCHENKE UND AKTIONEN,
MIT EINGEBAUTEM GUTSCHEIN, ENGAGIERTEM CHOR UND SEITEN ZUM
MALEN, ZEICHNEN UND SPRÜCHEKLOPFEN

ALLE DEINE GÄSTE GRATULIEREN DIR,
WÜNSCHEN DIR DAS BESTE,
NATÜRLICH AUCH
VON MIR

edition: pit elsasser

Autor, Herausgeber und Gestaltung:
Pit Elsasser
© 2016

Herstellung und Verlag:
BoD–Books on Demand, Norderstedt
ISBN 978-3-8334-9841-1

Fotos/Grafiken: Pit Elsasser, Fotolia

Die Deutsche Nationalbibliothek verzeichnet diese Publikation in der
Deutschen Nationalbibliografie;
detaillierte Daten sind im Internet unter www.dnb.de abrufbar.

www.portrait-skulptur-kunst.de

INHALTSVERZEICHNIS

THE HAPPY-BIRT
HAPPY BIRTHDAY TO YOU,
HAPPY BIRTHDAY TO YOU,
HAPPY BIRTHDAY, LIEBE(R) ...
HAPPY BIRTHDAY TO YOU!

HDAY-SINGERS
ZUM GEBURTSTAG VIEL GLÜCK,
ZUM GEBURTSTAG VIEL GLÜCK,
ZUM GEBURTSTAG ALLES GUTE,
ZUM GEBURTSTAG VIEL GLÜCK!

MEIN/UNSER GESCHENK FÜR DICH ...

HAPPY

... ODER: WAS ICH MIT DIR UNTERNEHMEN WERDE

MEINE KINDERGÄSTE WAREN

1. ....

2. ....

3. ....

4, ...

5. ....

6. ....

7. ....

8. ....

9. ....

10. ....

11. ....

12. ....

13. ....

14. ....

15. ....

16. ....

17. ....

18. ....

19. ....

20. ....

GESCHENKE MEINER KINDERGÄSTE

1.

2.

3.

4.

5.

6. ....

....

7. ....

....

8. ....

....

9. ....

....

10. ....

DANKE!
....

GESCHENKE MEINER KINDERGÄSTE

11. ....

....

12. ....

....

13. ....

....

14. ....

....

15. ....

....

16. ....

....

17. ....

....

18. ....

....

19. ....

....

20. ....

DANKE!

....

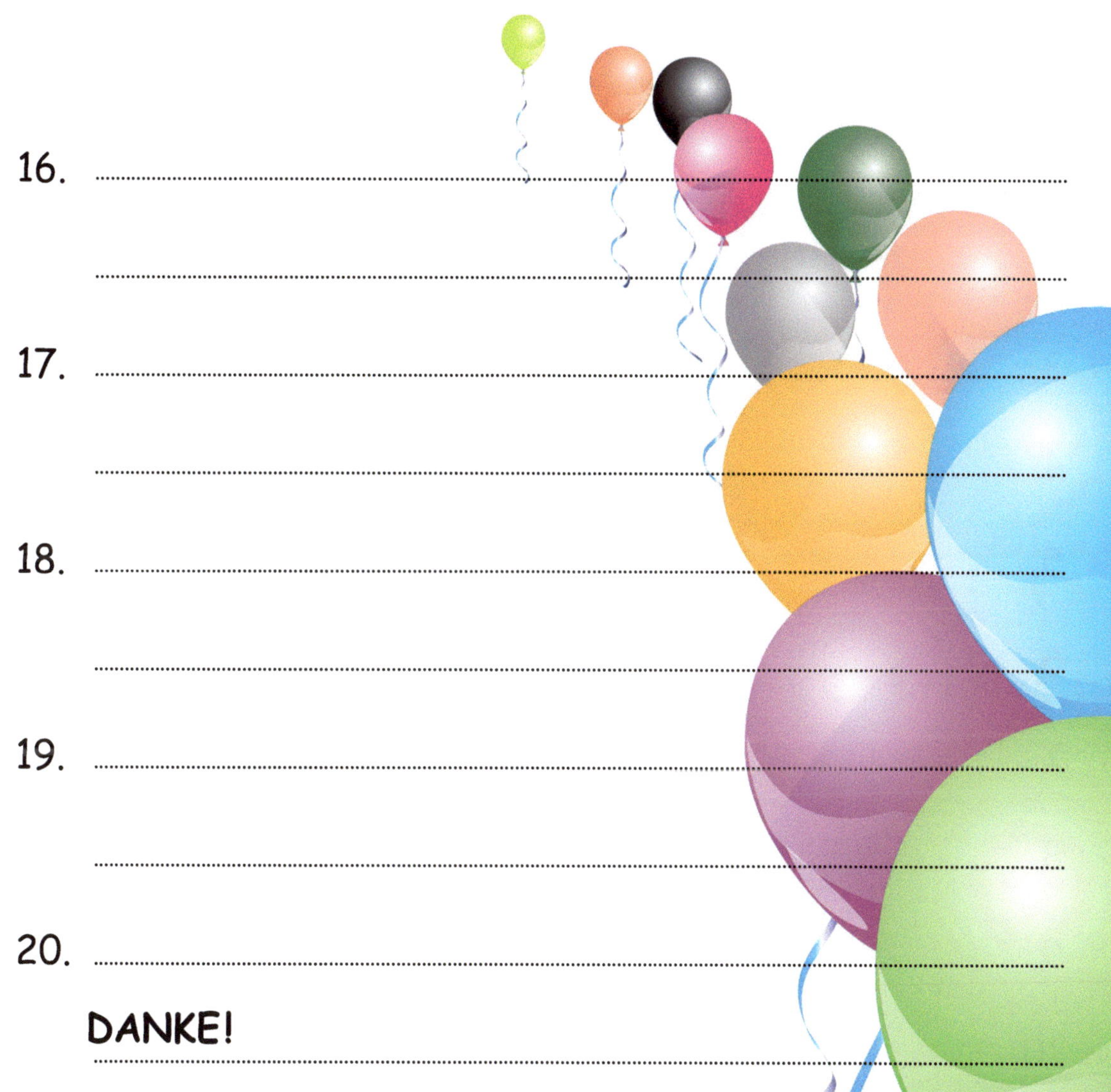

MEINE ERWACHSENEN GÄSTE WAREN

1. ....

2. ....

3. ....

4, ...

5. ....

6. ....

7. ....

8. ....

9. ....

10. ....

11. ....

12. ....

13. ....

14. ....

15. ....

16. ....

17. ....

18. ....

19. ....

20. ....

GESCHENKE MEINER ERWACHSENEN GÄSTE

1. ....

....

2. ....

....

3. ....

....

4. ....

....

5. ....

....

6.

7.

8.

9.

10.

DANKE!

GESCHENKE MEINER ERWACHSENEN GÄSTE

11.

12.

13.

14.

15.

16. ....

....

17. ....

....

18. ....

....

19. ....

....

20. ....

DANKE!
....

GEFEIERT HABEN WIR IN/IM/AM

ZU ESSEN HATTEN WIR

ZU TRINKEN HATTEN WIR

DAS MOTTO DER PARTY WAR

GESPIELT HABEN WIR

ÜBERRASCHUNGSGAST/-GÄSTE:

DAS LIEF GUT/SCHIEF

MALEN, ZEICHNEN, SPRÜCHE KLOPFEN

AB HIER KÖNNEN SICH DEINE GÄSTE MIT EINEM SPRUCH, EINEM WUNSCH ODER EINER ZEICHNUNG VEREWIGEN.

MALEN, ZEICHNEN, SPRÜCHE KLOPFEN

MALEN, ZEICHNEN, SPRÜCHE KLOPFEN

MALEN, ZEICHNEN, SPRÜCHE KLOPFEN

MALEN, ZEICHNEN, SPRÜCHE KLOPFEN

MALEN, ZEICHNEN, SPRÜCHE KLOPFEN

MALEN, ZEICHNEN, SPRÜCHE KLOPFEN

MALEN, ZEICHNEN, SPRÜCHE KLOPFEN

MALEN, ZEICHNEN, SPRÜCHE KLOPFEN

MALEN, ZEICHNEN, SPRÜCHE KLOPFEN

SONSTIGES UND ERWÄHNENSWERTES

DAM

NKE!

edition: pit elsasser